I0172427

जज़्बातों का ज़ख़ीरा

शायरी की सूरत में मेरे एहसास

सुनील सुथार

/ BookLeaf
Publishing

India | USA | UK

Copyright © सुनील सुथार
All Rights Reserved.

This book has been self-published with all reasonable
efforts taken to make the material error-free by the
author. No part of this book shall be used, reproduced in
any manner whatsoever without written permission
from the author, except in the case of brief quotations
embodied in critical articles and reviews.

The Author of this book is solely responsible and liable
for its content including but not limited to the views,
representations, descriptions, statements, information,
opinions, and references ["Content"]. The Content of this
book shall not constitute or be construed or deemed to
reflect the opinion or expression of the Publisher or
Editor. Neither the Publisher nor Editor endorse or
approve the Content of this book or guarantee the
reliability, accuracy, or completeness of the Content
published herein and do not make any representations or
warranties of any kind, express or implied, including but
not limited to the implied warranties of merchantability,
fitness for a particular purpose.

The Publisher and Editor shall not be liable whatsoever...

Made with ❤ on the BookLeaf Publishing Platform
www.bookleafpub.in
www.bookleafpub.com

Dedication

हर उस शख़्स के नाम जिसने मुझे समझने की कोशिश की....

मुझपें यकीन करने वाला मेरा परिवार...

दो दोस्त और एक सखी ....

Preface

मैं जो था कभीं खुला ही नहीं किसी दीवार के पीछे से, मुझे मेरे अपनों ने निकाला है अँधेरे से...उन्ही की चाहत में मैंने अपनी डायरी के पुराने पन्नो को फिर से टटोला और हिम्मत करी उनमें दबे हुए ,बिखरें हुए उन मासूम जज्बातों को फिर से सजा कर अपने उन चहेतें लोगो के पास किसी सहारे से पहुचाने की। उम्र का सफ़र उतना बड़ा नहीं और ना जेब में मेरे तुजुर्बों के बेसकीमती सिक्के हैं, ये जो हैं मेरे ख्याल हैं जो की हैं मेरी बहुत कम में बहुत गहरा देखने वाली नजरों की करामात....

हाँ, लिखना अच्छी बात मानी जा सकती हैं, कलम को किसी चिमटे की तरह काम लेके मैंने अपने ज़हन पे चिपके हुए बहुत से ख़्याल या यूँ कहूँ ख्यालों के बोझ को वक़्त वक़्त पे उतार कर मेरी डायरी के पन्नो पर चिपका दिए... मेरा मानना है की अगर उन्हें दिल और दिमाग़ से वक़्त रहते ना उतारा जाए तो वो आपको किसी भी दिशा में लेके जा सकते हैं जहाँ पर आप अपना संयम और विश्वास खो देने जैसी परिस्थिति में भी जा सकते हो...

Acknowledgements

मैं अपने दोस्तों का शुक्रिया करूँगा जिन्होंने मुझे हिम्मत दी अपनी कलम की दुनिया को आप सभी तक पहुचाने में,

मुझे लिखनें का सौक़ तो रहा है मगर मुझे कभीं सुनाने का हुनर नहीं आया, ये कुछ बाते जो मेरे किरदार से बहुत अलग हैं और मुझें जानने वाले समझेंगे की मेरे अंदर की दुनिया मेरे चेहरे से कितनी अलग है

सभी का एक बार फिर से बहुत बहुत शुक्रिया

मेरी पहली किताब और,

आपके लिए एक बहुत आसान भाषा का सफ़र ...

1. सोने से पहले अक्सर एक ख़्याल

मुझे ज़रा देर से नींद आती है...

सच कहूँ?

जब मैं इस दुनिया से ख़्वाबों की दुनिया में जाने को निकलता हूँ, तो उस दुनिया के दरवाज़े के ठीक पहले मुझे अक्सर एक छोटी गली-सी जाती दिखाई देती है। मैं फिर उस गली की तरफ़ रुख़ मोड़ लेता हूँ ये देखने के लिए कि वो आख़िर जाती कहाँ है?

मुश्किल से कुछ कदम ही चल पाता हूँ कि एक सफ़ेद दीवार सामने आ जाती है, जिसके सहारे रखे होते हैं बहुत सारे रंग और एक कोने में एक क़लम। वो क़लम हमेशा मुझसे नाराज़ नज़र आती है , मानो चाहती है कि मैं उसे उठाऊँ और उस दीवार पर लिख दूँ कि मुझे उन रंगों से क्या बनाना है? मुझे ख़्वाबों के दरवाज़े के पीछे कैसी दुनिया चाहिए? लिख दूँ वो नाम भी, जो मेरी यादों के धुएँ में अक्सर मुझे ख़ामोशी से छूकर निकल जाता है।

पर मैं बस एक मुट्ठी में कुछ रंग उठाता हूँ और उस दीवार पर उछाल देता हूँ। मैंने कभी देखा ही नहीं कि उन रंगों से उस दीवार पर कभी कोई चेहरा बना भी या नहीं। ध्यान दिया तो बस इतना कि कैसे कुछ रंग दीवार पर चिपकने से पहले ही नीचे ज़मीन पर बिखर गए और मिट्टी हो गए। इतने में ख़्वाबों का दरवाज़ा बंद होने को आता है और मैं अंत में उस दुनिया में जाने से पहले, उस क़लम को उठाकर अक्सर दीवार पर जल्दी-जल्दी में लिख देता हूँ

"कल पक्का......"

2. मतलब अँधेरा है

आवारगी के बादल है मेरे आसमान में, मतलब अंधेरा है
अपनों से ज्यादा गैरों के नाम जुबान पे, मतलब अंधेरा है

अंधा हो चुका हूँ मैं ,अब मुझे बस दुनिया दिखती है,
राख बनने से पहले ही तन्हा हो गया शमशान में, मतलब अंधेरा है

गिरते हुए अश्कों में किसी के अब डूब नहीं पा रहा मैं,
राहत नहीं मिल रही अगर किसी की मुस्कान में ,मतलब अंधेरा है

तजुर्बे के नाम पे चलो कर भी लिए गुनाह कभी,
अब भी भरोसा है कोई है मेरा इस जहान में, मतलब अंधेरा है

रिश्तों में तो करना चाहिए मुझे एहसाह अपनी ज़िम्मेदारी का ,
अगर यहाँ भी अटका है मेरा ध्यान नफ़ा-नुकशान में, मतलब अंधेरा है

मशवरे लें लेना कभीं समझदार लोगो से, बात अलग है
एक भाई ही भूल जाए अपने भाई को खानदान में, मतलब अँधेरा है

3. मैं बिखर भी जाऊ

मैं बिखर भी जाऊ तो उसे हक़ हैं मुझे सँवारा करे ..
ये क्या बचपना हैं, मुँह फुला के बस मुझसे किनारा करे

इन रिश्तों में लाज़मी है थोड़ी बहुत नौक-झोंक मेरे दोस्त
मुझसें पर्दा करने से बेहतर हैं वो इश्क़ मुझसे दोबारा करे

उसके इंतज़ार में तो मैंने अपने कई रिश्ते भी बिगाड़े हैं
उसको पाने की खातिर और क्या-क्या ये आवारा करे

हाँ, बेशक प्यार से कर ले चाहे मुझपे कितना ही गुस्सा वो
बस नाराज़गी भरके दिल में ,वो तन्हा ना मुझको मारा करे

4. बस कमाने भर से...

सब कुछ नहीं कमाता बंदा बस कमाने भर से
फिर भी लड़ रहा था वो सपनों के लिए जमाने भर से

मोहब्बत करनी ही बस में थी उसके ,वो कर बैठा फिर
सहम गया है अब वो महबूब के आजमाने भर से

पूरे कमरे को रखता था कभी जो सजा के रोशन
वो चिड़ जाता है अब कुछ किताबें सजाने भर से

झूम उठता था वो संगीत के शोर से कभी और,
रो पड़ता है वो शख्स अब कोई धुन बजाने भर से

हसते हसाते जाने दिया उसने कितने लोग जिंदगी से मगर
चेहरे की रंगत चली गई उसकी, एक शख़्स के जाने भर से

5. बात समझ से आगे

उलझनों में उलझा रखें थे जो मैंने मोह के धागे
वो टूटे भी और दर्द ना हो ये बात सही ना लागे

हर बात सुन लू उसकी मैं वो सुन ले जो एक मेरी
सुनकर भी वो कभी समझा ना, ये बात समझ से आगे

चिंता करे वो उस जग की जिसे देख रखा है मैंने
हर कोई गर समझता हमे, फिर हम क्यों ही अकेले भागे

इस सफ़र में तस्सली मिली थी और करली आँखे बंद
बस तन्हा भटके खड़े रह गए हम, जब नींद से जागे

6. शजर से गिर गया

शजर से गिर गया परिंदा, जान गँवा चुका है
खोफ था जिस वक्त का, वो वक्त आ चुका है,

फ़क्र से कहा था लोगों में, मेरा यार नहीं बेवफा..
उन लोगों में बेसहारा कर मुझे, अब वो जा चुका है

उसे उतना ही इल्म होगा इस मर्ज़-ए-इश्क़ का,
जो जितने ज्यादा अश्क किसी पे बहा चुका है

अब तो आने लगे हैं इस भरी जवानी में मौत के ख़याल
मेरे यार, तू मेरी कितनी झूठी कसमें खा चुका है

अपने ग़म पे भी होने लगा हैं मुझको गुरूर इतना,
तरस आता हैं हर उसपे जो मोहब्बत पा चुका है

और बड़े गौर से सुनने लगे हैं लोग मुझे अब महफ़िल में
ये लड़का तेरी बेवफाई से देख इतना तजुर्बा कमा चुका है

7. तो मज़ा आये

तबीयत में अब ज़रा सुधार आये, तो मज़ा आये
हम निकलकर कभी खुद से बाहर आये तो मज़ा आये

अकेले बैठ के कहाँ मिलती हैं तसल्ली इस दिल को,
हाल पूछने कभी जो मेरे यार आये तो मज़ा आये

यूँ तो ठोकर खाकर एक दिन संभल ही जाना हैं हमें,
मगर कोई करने को पहले ख़बरदार आये तो मज़ा आये

कब तक गुजारा करेंगे एक तस्वीर को लेकर ?
वो शख्स नज़र हमें बार-बार आये तो मज़ा आये

फ़क़त हम ही क्यों माँगते रहे दुआओं में किसी को ?
कभी कोई हमारा भी तलबगार आये तो मज़ा आये

और कितनी मर्तबा होंगे हम बर्बाद मासूम लोगो से ?
अगर दुश्मन ज़िन्दगी में थोड़े समझदार आये तो मज़ा आये

बड़े घाटे के सौदे किये हैं हमने इस उम्र के पड़ाव में,
मुनाफा देने वाला अब कोई खरीददार आये तो मज़ा आये

ये सब जो खड़े हैं सफ़ में मेरी कहानी सुनने को,
उनमे से कोई निभाने मेरा किरदार आये तो मज़ा आये

8. खामोशियों का एक समुंदर

खामोशियो का एक समुंदर है, पार कर रहे है
उम्र का एक बड़ा हिस्सा बस बेकार कर रहे है।

क्या जताना अब की क्या महसूस करते है हम
सुकून की उम्मीदें छोड़, खुद को समझदार कर रहे है।

हम जो देखते नहीं कभी तसल्ली से खुदको
उनकी शिकायत, की हम उन्हें तलबगार कर रहे हैं।

पहले कर लेते थे बाते हम दिल खोल के सबसे
खामोश रहकर हम अब खुद को ख़बरदार कर रहे है।

उम्मीदें रखना दुनिया से हैं सबसे बड़ी गलती
क्या ग़ज़ब हैं कि यही गलती हम हर बार कर रहे है।

9. सफ़र लम्बे हो तो

सफ़र लम्बे हो तो हाथों से हाथ छूटते हैं
थक जाते हैं पाँव और हौसले टूटते हैं ।

मुनासिब जो लगे तुम फैसला वो करना
हमारा गुस्सा ? हम तो आदतन रूठते हैं ।

मोहबत तो साथ लेकर चली जाती हैं रूह
पीछे छूटता क्या ? मियाँ जिस्म छूटते हैं ।

पड़े रहने दो ज़ेवर तुम बस दिल संभालो
मैं जानता हूँ ये आज के डाकू है, दिल लूटते हैं ।

सबकी प्यास कहाँ बुझा पाते ये छोटे मटके
फिर होता यूँ कि, गुस्से में ये मटके फूटते हैं ।

अपनी ही जड़ों से हो जाए अगर पेड़ो की नाराजगी
सुलझते नहीं फिर मसले और जंगल सूखते हैं ।

10. हर कहानी के

हर कहानी के बेहतरीन अंजाम नहीं होते..
वो आशिक़ ही क्या जो इश्क़ करके बदनाम नहीं होते..

किताबों में ही रहने दो ये मोहब्बत की बातें
आशिक़ बनना ख़ानदानी लड़कों के काम नहीं होते...

सौदे सारे चलते हैं यहाँ ग़मों के हिसाब पर
इन रिश्तों में खुशियों के कोई दाम नहीं होते...

हार मान गये हो तो इसे समझदारी समझो
मियाँ, ऐसी राहो के कोई मकाम नहीं होते ...

मैं अक्सर बैठ जाता हूँ किसी बुझी हुई सूरत के पास
चमकते चेहरो के लिए मेरे पास कोई पैग़ाम नहीं होते...

11. सब्र की हर दीवार

सब्र की हर दीवार से टकरा रहा हूँ मैं
कितना उलझा हूँ ये खुद समझ नहीं पा रहा हूँ मैं

हर रिश्तों से यूं तो कर रहा हूँ परहेज मैं इन दिनों
फिर ये किस नए रिश्ते की उम्मीद जगा रहा हूँ मैं

मेरा मुझसे रूठ जाना कोई नई बात तो नहीं
किसी और के लिए फिर क्यों बदलता जा रहा हूँ मैं

बर्दाश्त ही नहीं जब मुझे हुकूमत किसी की
एक ही शख्स को क्यों दुनिया बना रहा हूँ मैं

इन राहों के अंजाम से हूँ लाख दफ़ा वाकिफ़
दिल के बहकावे में फिर खुद को आज़मा रहा हूँ मैं

इन हालातों के कशमकश में ज़रा संभलना था मुझे
सुखे पत्तों की तरह और बिखरता जा रहा हूँ मैं

12. नहीं याद

ठहर के नहीं सोचा कभी तुम्हारे बारे में
सोचा नहीं तुम्हें, ऐसा वक़्त भी नहीं याद

क़ीमती नजारों में कभी रक्खा ना तुमको
देखा हो ऐसा कोई, क़ीमती नजारा भी नहीं याद

हाल खुशियों के बेहाल थे, तेरे ख्वाबो में थे जब खोये
दर्द दे सके मुझे कोई तेरा ऐसा ग़म भी नहीं याद

सवालों की सफ़ लगी रही तेरे मेरे रिश्ते पर
तस्सली दे सके मुझे ऐसा कोई जवाब भी नहीं याद

ख़बरे सुर्खियों में है तेरे नई ज़िन्दगी के पहल की
कर सकू मैं भी आबाद, ऐसी ज़िन्दगी भी नहीं याद

हर कहानी रुक जाती हैं आकर तेरी ही यादों पर
कलम जिसके लिए उठाई, वो मुद्दा भी नहीं याद

13. उम्मीदें

शहरी घुटन में उलझकर भी उम्मीदे गाँवो की करी है
रेगिस्ता में चलते हुए भी उम्मीदे छाँवो की करी है

मुझे ख़बर है नामुमकिन है मेरे ख़्वाब मुक्कमल होना
अपनी हैसियत को भुला कर उम्मीदे तेरी बाहो की करी है

मेरे तो आईनो ने भी कभी मुझे गौर से नहीं देखा
तेरी तस्वीर से इज़ाज़त लेके उम्मीदे तेरे निगाहों की करी है

मेरे हिस्से का तो एक पल भी तुझसे मिलना कितना मुस्किल है
फिर भी मेरा हौसला देख मैंने उम्मीदें तेरे पनाहो की करी है

14. उनसे दूर

उनसे दूर हुए वैसे तो हमे जमाने हो गए
मगर कैसे कहे अब उनके किस्से पुराने हो गए

फ़र्क़ आया हैं तो बस इतना, पहले वो साथ थे हमारे
उनके भेजे वो ख़त अब हमारे सिरहाने हो गए

वो साथ थे तो मज़बूरी थी हमारी भी ख़ुश रहने की
उनके बाद हमारे भी उदास रहने के बहाने हो गए

जिस दिल को जीतने में गुज़ार दी मैंने ज़िन्दगी
उस दिल में ना जाने अब किनके आशियाने हो गए

ऐसे ख़्वाब टूटे हैं जिनकी मरम्मत भी नहीं मुमकिन
ऊपर से चार लोगो की बाते, की हम दीवाने हो गए

15. एक दोस्त

ज़्यादा गहरा अपनापन हर किसी को यारा नहीं मिलता,
दोस्त वरना सबको यहाँ तेरे जैसा प्यारा नहीं मिलता

ये सोच के मत कर लेना दिल अपना छोटा तू की,
एक बार जो जुदा हो गया वो दुबारा नहीं मिलता

इतने वक्त में तुमसे मिली है यादें यहाँ सबको बेशुमार,
मेने देखा है वरना हर किसी में ऐसा भाईचारा नहीं मिलता

फिक्र छोड़ उस एक शख्स की जिसका इंतज़ार है तुझे,
किस्मत में उसके भी इंतज़ार हैं तभी वो बेचारा नहीं मिलता

तुम भाई बनकर साथ खड़े थे तभी तो राहें आसान लगीं
वरना ऐसे मौज उठाने वालों में नाम हमारा नहीं मिलता

16. आहिस्ता आहिस्ता

आहिस्ता आहिस्ता सीखा हम सुधर जाएँगे
ए ज़िन्दगी तुझसे ख़फ़ा होकर हम किधर जाएँगे

अब दोबारा ना करेंगे कभी इस इश्क़ की आज़माइश
हमे ख़बर है, हम मोहब्बत कर फिर बिगड़ जाएँगे

बेकार हैं रंगने की सारी कोशिशे उस रंगरेज़ की
कितने ही चमकेंगे मेरे ख़्वाब फिर फ़ीके पड़ जाएँगे

एक बार गिर चुके,अब हमको यहाँ से जाना है
वो निगाहे है ,कोई सीढ़ी नहीं की हम फिरसे उनमे चढ़ जाएँगे

हाँ अपनी कहानी भूल कर हमे तारीफ़े करनी है इश्क़ की
बुरा जो कहा हमने इश्क़ को ये लोग हमसे लड़ जाएँगे

17. अब सँवरने के

अब सँवरने के भी आसार नज़र नहीं आते
हम ख़ुद को ही कई बार नज़र नहीं आते

आप कहते हो, खुल के जीने को हैं ये चार दिन की ज़िन्दगी
हमे तो सदियों से वो दिन चार नजर नहीं आते

एक हमारा घर है जिसकी इज़्ज़त और उम्मीद है हम
और इस दर्जा ख़ुदग़र्ज़ है हम, हमे घर-बार नजर नहीं आते

अपनी बिखरी ज़िन्दगी से एक मशवरा है तुम्हारे नाम
हाथ सोच कर मिलना, मंसूबे आर पार नज़र नहीं आते

हकीम बनो तो सीख लेना साथ में आँखो को पढ़ना भी,
दिल के मरीज, अक्सर चेहरो से बीमार नजर नहीं आते

और ये नई नस्ल के लड़के सब कोशिश में हैं बर्बादी के
बस इश्क़ मैं पड़ जाते है इन्हे कारोबार नज़र नहीं आते

18. आसमा से ऊपर

आसमा से ऊपर क्या ये बस आसमा जानता है
एक ज़िद्दी परिंदा मगर ये बात कहाँ मानता हैं

उसका फ़ैसला ना लगे हक़ में फिर भी एतबार करना
तू बस आज समझता है ख़ुद का, वो तेरा कल भी जानता है

मत कर आईने के सामने खड़े होकर रोज़ यही शिकायत
"कोई समझता नहीं मुझको ना मुझे कोई पहचानता है"

किस तरह होगा तुझे कभी मान अपनी बातो पर
अधूरे छोड़ कर पुराने वादे फिर नई बात ठानता है

हर किसी की कहानी में दख़ल देना ठीक नहीं ,
सब मे ऐब तलाशने वाले, ख़ुद को कितना जानता हैं ?

19. ख़ुद से बाहर

ख़ुद से बाहर आने में पूरी उम्र गुज़र जाने वाली है
ये इतनी बेचैनी मुझे किस राह पे लाने वाली है

क्या मज़ाक़ है, उससे जीत कर जश्न मनाऊँ मैं
उससे जीत तो अब मुझे बहुत हराने वाली हैं

कुछ दिनों से ये ज़िन्दगी हसा रही थी मुझको बहुत
मुझे यक़ीन था इस लम्हे में मायूसी छाने वाली है

मैं भी लिख लूँगा काँच के टुकड़े से हाथ पर उसका नाम
अपने हाथ पर किसी के नाम की वो मेहंदी लगाने वाली है

दो दोस्त तो मुझकों भी चाहिए साथ शराब पीने को
उसको लेने तो फिर भी एक पूरी बारात आने वाली है

20. गर सुकून मिले कहीं

खोया ख़्वाबो में ही सही..
खुद को ढूंढता हूँ मैं वहीं..

ख़्याली ज़िन्दान की क़ैद से लेके खुद को
चला जाऊँ...गर सुकून मिले कहीं

तारीफों के पीछे छुपता जो वजूद है मेरा
आईनो में खड़ा वो शख्स सबूत है मेरा
किसी ने बड़ी कोशिश की बदलने की मुझे
पुराना चेहरा फिर भी ज़िंदा इसके बावजूद है मेरा

उसी चेहरे को पाने की अब ख़ाहिशें हैं हुई
चला जाऊँ ...गर सुकून मिले कहीं

झूठी उम्मीदों से घिरा ये जो मेरा जहां है ,
बहुत कम लोग हैं जिनको मैंने अपना कहा है
मुझसे ये दर्द, तकलीफे हंसके गले लग जाते है
इनको भी अपना कर मैंने बड़े अरसे तक सहा है

अब मुस्कुराने की मानो उम्मीद ही ना रही
चला जाऊँ ...गर सुकून मिले कहीं

21. एक उम्र

एक उम्र गुजरी फिर हम तहज़ीब रखने लगे
धीरे धीरे घर संभाला और बाल पकने लगे

तेज हवाओं से दोस्ती फिर अच्छी बात नहीं
घर का आँगन जब छोटे चराग़ो से चमकने लगे

फ़ेंक दी ख्वाइशे अपनीं, दूर किसी किताब में
हम ख़ुश हैं हम किसी और का अब मन रखने लगे

बचपना था पहले और आवारगी के शौक़ थे
हम पुराने किस्सो को अब जिम्मेदारीयो से ढकने लगे

भूल जाते हैं जो कायदे उन बच्चो से हैं गुज़ारिश
तुम्हारी उम्र से गुजरे हैं ये लड़के जो आज आदमी लगने लगे

22. वो लड़की

हज़ारों सवालों के जवाब में मुझे अक्सर तू मिलती है
मैं पूछता हूँ खुद से क्या कोई और रास्ता नहीं
दिल बोलता है हाँ हैं पर तेरे बस का नहीं
पर दिल में उसको रखना ये भी तो मेरे बस का नहीं

वो शांत है, वो चंचल है वो समझदार है वो भोली है
वो ख़ास नहीं पर वो आम नहीं,
जो उससे मेरा रिश्ता है उसका कोई नाम नहीं

वो हँसती है, वो हँसाती है,
मुझे बस मेरे हिस्से का बताती है
उसे भूल जाता हूँ अक्सर मैं
फिर भी ख़यालों में आती है

मेरे किसी गहरे हिस्से पे बात नहीं करती
वो मेरी बातें करती है पर मेरे साथ नहीं करती
मैं कोशिश में हूँ कि वो आखिर तोड़ ही दे मुझको
वो बदल देती है बात, मुझसें सवालात नहीं करती

23. खंजर

खंजर से गहरे तो यहाँ जख्म-ए-जबान लगे
किसी का कतरा ना लगा, किसी की पूरी जान लगे

तेरे लबों से निकले लफ़्ज़ निकल ना सके मेरे जहन से
इस हद तक साथ रहा फिर भी तुम अनजान लगे

23. रिश्तों की समझ

रिश्तों की समझ में इतनी उलझने लगा रखी है
बिगड़ी बात और बिगड़ने पे आ रखी हैं

जहाँ घास झुक गई ,तूफ़ान भी गुज़र गया आसानी से
पेड़ वो गिरेंगे जिन्होंने लहजों में अकड़ ला रखी है

25. जरा जरा सी बात

जरा जरा सी बात पे जिनके ग़म आते है
वो ज़िन्दगी काटने ज़्यादा, जीने कम आते है

कुछ इसलिए भी हमदर्दी है हमारी इनके साथ
ऐसे लोगो की सफ़ में भी पहले हम आते है

26. जो उतरता है

जो उतरता हैं गहराइयों मैं वो ही जज़्बात समझता है
एहसासो से बेख़बर तो ,शायरी को बकवास समझता है

एक बूँद की कदर भी तुम समझना बंजर जमीं से
समंदर वरना क्या किसी की प्यास समझता है

27. लड़खड़ाते हालातो

लड़खड़ाते हालातो में जब ज़िदंगी को सँवारा गया
समझदारी के हाथों सबसे पहले मेरा बचपन मारा गया

इतनी दफ़ा मिला ख़ुद से मगर वो लड़का नहीं मिला
जिसकी तलाश में पुराने पन्नो तक मैं दोबारा गया

28. उजाले देखती

उजाले देखती है दुनिया मैं चराग़ तले अँधेरा देखता हूँ
दर्द ओरों का दिखता है पहले, बाद में मेरा देखता हूँ

तुम तोड़ देते हो फूल बस उसकी ख़ूबसूरती देख कर
मुझे दिखती है जिम्मेदारी काँटो की, फूलो पे उनका पहरा देखता हूँ

29. तुम्हे यक़ीन ना होगा

तुम्हें यकीन ना होगा की काबिल-ए-तारीफ़ था मैं एक वक़्त से पहले
एक वक़्त बाद ही किसी ने मुझमें ऐब के पन्ने तराशे है.

यकीनन हार जाती ज़िद तुम मुझसे इश्क़ ना करने की, एक वक़्त से
पहले...
हाँ अब एक वक़्त बाद ही हम महफ़िल में बदनाम अच्छे-खासे हैं.

30. हर किसी की बातो

हर किसी की बातो पर अगर ग़ौर करते रहेंगे,
मुमकिन है, ये जो लोग है दिल से उतरते रहेंगे,

ख़्यालों में ख़ामख़ा लाख बुरा समझेंगे हम सबको
दिल में फिर बस तन्हाई और ग़म भरते रहेंगे

31. औरो की कहानियों

औरो की कहानियो में यकीनन बेहतरीन रहे हम
मगर एक मसला हमे राहत नहीं देता

तन्हाई में कोई हाथ भी पकड़े खड़ा है हमारा ,
वो साथ भी रहता है ,मगर साथ नहीं देता.

32. सब्र से बे-इंतिहा

सब्र से बे-इंतिहा काम लेता हूँ दोस्त
नज़रों से ही मंसूबे सारे जान लेता हूँ दोस्त

ख़ामोशी समझते हो तो शायद बेगुनाह मिलूँगा मैं,
पुछोगे तो सारी गलती ही अपनी मान लेता हूँ दोस्त

33. तुझे याद करने

तुझे याद करने से आते है ग़म बहुत,
तुझे याद करने का फिर मुझे मलाल क्यूँ नहीं आता....

तुझे बदनाम करने की चाहत तो है मगर,
तेरे किरदार पे उठाने को कोई सवाल क्यूँ नहीं आता....

यू तो मेरी मर्ज़ी के बगैर आते रहते है
ज़हन में रात दिन बस ख्याल ही तुम्हारे....

मगर तेरे ख्यालों में डूब ना जाने का,
आख़िर मुझे कोई ख़्याल क्यूँ नहीं आता.

34. राह तलाशतीं

राह तलाशती है दुनिया और हम सितारे देखते हैं,
अंधेरे में भी हम ख़्वाब बहुत सारे देखते हैं

हम कितने अलग है मिज़ाज के, ये ना पूछों आप
करके दिल उदास अपना, फिर शहर के नज़ारे देखते हैं

35. घर के मसले

घर के मसले सुनने को अब ग़ैर आ रहे हैं
मतलब ये है की रिश्तों में अब कहीं बैर आ रहें हैं

कुछ तो वजह होगी जो ग़ैर दिलचस्पी है लोगो में
वरना गाँव में अपनों को छोड़ वो क्यूँ शहर आ रहें हैं.

36. सूरज सा जलना

सूरज सा जलना कभी तो कभी तारों सा टूटना
तुम हर एक लम्हे से बस बेहिसाब खुशियां लूटना

अगर ना समझो तो बहुत ही आसान है ये ज़िन्दगी,
समझो तो बहते पानी में पैरों के निशान ढूँढ़ना

37. मैं आस

मैं आस लगाये रहता था सितारों से, ज़मीं पे रह कर
कमज़ोर ही रखा दुनिया ने मुझको अच्छा कह कर

अब भी खड़े रहना इस राह पर महज़ पागलपन है मेरा,
वरना सबक़ ले लेता है बंदा तो आख़िर इतना सह कर

38. रावण

तीर किसके सीने में उतारा जाए,
यहाँ कौनसा सा रावण मारा जाए।
धर्म की अधर्म पे गर जीत हो निश्चित,
जल ये ज़माना सारा जाए...
यहाँ कौनसा सा रावण मारा जाए

किस दिशा में ये नारा जाए,
किसे यहाँ राम पुकारा जाए।
धनुष उठाने के कोई क़ाबिल नहीं,
हर शख़्स यहाँ नकारा जाए...
यहाँ कौनसा सा रावण मारा जाए

अवश्य अहंकार हारा जाए
दुष्ट जनों को मारा जाए
पाप धुलाने गंगा की
भीतर रगों तक धारा जाए
यहाँ ख़ुद से रावण मारा जाए

39. कलम आँसू

कलम आँसू नहीं रोक पाती आजकल,
आजकल होश कम रहता है

कोई दिल बहलाने नहीं आता आजकल,
आजकल दिल मदहोश कम रहता है

कोई अपना नहीं मिलता आजकल सुनाने को,
ये ज़िन्दगी जो बिखरी है

चेहरे से मायूसी का लिबास नहीं उतरता आजकल,
आजकल जहन में जोश कम रहता है

40. जब भी मिले

जब भी मिले कही "सुकून", मुझे खबर करना
उसने किस बात की नाराज़गी सँभाल रखी है,

बस एक शख़्स के रूबरू होने पर ही मिलता है मुझे
भला ये भी कैसी आदत उसने पाल रखी है

41. बेहिसाब

बेहिसाब बहना चाहते हैं ये आंसू
कमबख्त आँखे इजाजत नहीं देती,

इसको पता हैं कायदे दुनिया के
जो कमजोर को चाहत नहीं देती

42. जरा पलटना

ज़रा पलटना हमारी डायरी के पुराने पन्ने
सुना है वो कल खैरियत पूछने आएँगे

ज़रा कीमतें बताना आँसुओं की हमें
कई सौदे में हार तो नहीं रहे हम

ना मिले जो दुश्मन इस ज़माने में मुझे,
ख़ुद से ही ख़ुदा ने मुझे लड़ना सिखा दिया

43. हाँ रखी थी

हाँ, रखी थी हमने भी तमन्ना उन्हें हासिल करने की कभी
हाँ उन दिनों हमारी ख्वाहिशें बहुत छोटी हुआ करती थी

हर दम एक ही चेहरे के दीदार की आरज़ू
तरस आता है मुझे मेरे ही दिल के हालातो पर

तेरी आदत हो गई मुझे ये गलती थी मेरी,
मुझे बर्बाद करने का मक़सद यू तेरा तो ना होगा

44. कोई बता दो

कोई बता दो उन्हें कोशिश ना करे हमारे दिल पे दस्तक देने की
हमारे घरों में रिवायत नहीं है टूटे आशियानों में पनाह देना

समझने की कोशिश क्या कर ली मैंने लोगो को,
मुझे तो मेरे दुश्मन भी दोस्त लगने लगे

रख ली सारी शिकायतें मैंने अपने ही पास
सवाल जो उनकी मुस्कुराहट का था

45. बेच डालोगे

बेच डालोगे खुद के ख़्वाब उम्र के साथ
जब नशा होगा अपनों की मुस्कुराहट का

हम उनको पढ़ने की कोशिश में रहे
जिनका कारोबार ही था नक़ाब बेचना

किसी का दूर होना इतना डरा गया हमें
की डरते हैं हम किसी के पास आने से भी

46. बाजार में

बाजार में मिल रही थी उनकी ख़ुशिया और,
ले आया था उन्हें मैं अपने ख़्वाब बेचकर

हवाए अक्सर मिटा देती है मुशाफ़िर के पैरो के निशान
ये मिट्टी ताउम्र किसी की यादों में बिखरीं नहीं रहतीं

खो ना जाए ये चेहरा मुझसें
हर आईना मुझे ठहर के देखता है

47. आँखो पे काले घेरे

आखों पे काले घेरे बाल सफ़ेद हो गए
ज़हन में मेरे किस उम्र के ख्याल केंद हो गए

माना और सुकून की तो अक्सर ही गुंजाइश होगी
मगर जो जी रहे है एसी जिंदगी भी तो किसी की ख़्वाहिश होगी

आज सुर्खियों में रहे हम किसी बड़े किरदार की तरह
क्या खबर कल हम ख़ुद की कहानी से भी निकाले जाए

48. एक हकीकत

एक हक़ीक़त है मेरी जो मुझसें बर्दास्त नहीं होती
एक झूठ है मेरा जिसे रोज़ जिये जा रहा हूँ

समझदारी पे हावी जब उम्र के बहकावे रहते हैं
उन पलों के ताउम्र ज़िन्दगी में पछवतावे रहते हैं

कितनी पूरी करोगे यहाँ ख़्वाहिशे बेशुमार हैं
एक हुनर है मुस्कुराना, वरना मसले तो हज़ार हैं

49. क्या इलाज

क्या इलाज है इस मर्ज़ का क्यो ये ज़िन्दगी अधूरी है
हकीम कहता है जनाब आपको जज्बातों से परहेज़ जरूरी है

जब भटके हम दर बदर तब एक तुजुर्बा हाथ लगा था
यूँ ही ना बना होगा वो पत्थर उसका दाव पे हर जज़्बात लगा था

मेरी हर जीत में वो अपनी हार मानता है
कितना अजीब है, वो मुझे "यार" मानता है

50. क्या कहे

क्या कहे अब उनकी फ़क़ीरी का भी जनाब
उनके तो गमो में भी आँसू हमने उधार दिए

उनको उड़ने का सौक़ था सो आजाद किया उनको,
अपने पिंजरे में बैठे हमने अपने सौक़ मार दिए

51. कितनी अजब

कितनी अजब बात है
सबके अलग हालात हैं

कोई रोज़मर्रा की जिंदगी को बस मज़ाक मानता है
कोई छोटी छोटी तकलीफ़ों पर बस मरना जानता है

किसी को हर रोज़ एक नए सहारे की गुंजाइश है
किसी को बस अपने दम पर ये दुनिया जीतने की ख्वाहिश है

कोई हर रोज़ गम में डूबा टूटता ही जाता है
तो कोई हर रोज़ नई कामयाबी का जश्न मनाता है

किसी को ये दुनिया बस एक अंधेरा नज़र आती है
कोई निकलता है उम्मीद लेकर और चाँद ढूंढ लाता है

कोई रिश्ते बेच देता है चंद पैसों के लिए
कोई उम्र भर की कमाई अपनों पे लुटा जाता है

किसी को तो फुर्सत नहीं यहाँ मोहब्बत आज़माने से
कोई खुद खुशी कर बैठा है इश्क़ में धोखा खाने से

कोई लगा है जिंदगी भर से अपने लहज़े सँवारने में
कोई हद पार कर बैठा है ख़ानदानी ज़मीन बट जाने से

52. जुगनू

जुगनुओं से लेकर रोशनी क्या शहर बसाओगे
आदत नहीं होगी अंधेरों की तो लौट आओगे

मिशाल ना दिया करो तुम अपने इश्क़ की मुझको
फिर नया जिस्म देखोगे तो पुराना भूल जाओगे

कोई बात बताने से पहले सच्चाई आँखो में रखना
उम्र घटा दोगे, हर बात पर अगर कसमे खाओगे

तुम्हारा दिल तो आया है पर उसपे हक़ नहीं तुम्हारा
जबरन मोहब्बत उसकी अपने इख़्तियार में कैसे लाओगे

उस हद तक चाहना उसे की उसको आज़ाद भी कर सको
वक़्त लगेगा मगर एक दिन तुम भी संभल ही जाओगे

53. सिक्के

सिक्के के पहलुओं की तरह मेरे भी दो मिज़ाज हैं
एक ख़ुश हैं सबसे तो दूसरा सबसे नराज़ है

ये वहम है अभी की वो समझ चुके हैं मुझकों
उन्हें ख़बर नहीं इस कोरे काग़ज़ के भी कितने राज़ हैं

54. इतना हारा हूँ

इतना हारा हूँ दुनिया से फिर भी दिलासा नहीं देते
मेरे दोस्त, मुझ पर तो ध्यान भी तुम अच्छा खासा नहीं देते

एक मैं हूँ जो तुम्हारे कहने पर दिन को भी रात मान लू
एक तुम हो जो वक़्त भी मुझे जरा सा नहीं देते

55. प्यार, गुस्सा

प्यार, गुस्सा ,लड़ाई ,चाहत सब कमाल रखता है
दोस्ती का रिश्ता, सब जज्बातों को संभाल रखता हैं

वक्त की कोई मज़बूरी है तभी रास्ते भी जुदा हुए
किसी मोड़ पे फिर मिलेंगें, क्यो मलाल रखता है

बहुत नज़दीकियों के हिसाब से बिछड़ना भी तो होगा
मुक्कदर भी तो सब लम्हों की देखभाल रखता है

56. एक ख़त ख़ुद के नाम

हमेशा खुश रहा करो

"दुखी इंसान"

मगर बात दुख की नहीं, बात है उन एहसासो की
जिन्हें मेरी नजर से कोई और नहीं देख पाता

और इस सफ़र से मुझ तक आने के लिए शुक्रिया

www.ingramcontent.com/pod-product-compliance
Lightning Source LLC
Chambersburg PA
CBHW060354050426
42449CB00011B/2981
* 9 7 8 1 8 0 7 1 5 4 2 9 5 *